VOCAÇÃO

Hugo de Azevedo

2ª edição

QUADRANTE

São Paulo
2024

Copyright © Hugo de Azevedo 2016

Capa
Karine Santos

Dados Internacionais de Catalogação na Publicação (CIP)

Azevedo, Hugo de
  Vocação / Hugo de Azevedo — 2ª ed. — São Paulo: Quadrante, 2024.

  ISBN: 978-85-7465-772-1

  1. Vida cristã – Autores católicos 2. Vida espiritual – Autores católicos I. Título

CDD-248

Índice para catálogo sistemático:
  1. Vida cristã : Prática religiosa : Cristianismo 248

Todos os direitos reservados a
QUADRANTE EDITORA
Rua Bernardo da Veiga, 47 - Tel.: 3873-2270
CEP 01252-020 - São Paulo - SP
www.quadrante.com.br / atendimento@quadrante.com.br

SUMÁRIO

AS INTUIÇÕES FUNDAMENTAIS.............. 5

A ADOLESCÊNCIA................................... 13

A SABEDORIA DA IGREJA...................... 33

AS VOCAÇÕES.. 51

A VOCAÇÃO MATRIMONIAL 77

A VOCAÇÃO SACERDOTAL...................... 87

O CELIBATO 97

EPÍLOGO.. 107

AS INTUIÇÕES FUNDAMENTAIS

Ainda mal sabe pronunciar, o bebê já pergunta aos pais: "Por quê?" Mal desperta a razão, descobre que tudo tem a sua causa, e a sua causa outra causa, e essa é também causada... Não para de perguntar. Vai da física à metafísica, sossega um pouco na teodiceia e avança, curioso, pela teologia. Como é Deus?

Depois vem o "para quê?" Para que fez Ele o mundo? Para que fez a Terra, o Sol, as estrelas? Para que servem? Para nós? E para que nos fez a nós?...

Vai das causas eficientes às causas finais, pois só pelas finais compreende as eficientes; e cada vez quer saber mais de umas e de outras. Só para de perguntar quando param de lhe responder com clareza ou percebe que estão tentando enganá-lo.

Confessava alguém que deixou de perguntar quando o pai lhe deu uma resposta muito estranha:

— Pai, Deus existe?

— Uns dizem que sim, outros que não...

Não fazia sentido a resposta! Questão tão decisiva como essa, era absurdo remetê-la para o campo da mera opinião! E assim viveu muitos anos, em suspenso, sem se atrever a levantá-la de novo.

Tudo tem uma causa — ou muitas, concatenadas —, e um fim — ou muitos, do primeiro ao último. O bebê não precisa de ler Aristóteles; isso, para ele, é evidente. E como praticamente não tem passado, não se entretém com recordações, como os velhos; nem se detém no presente, como os animais; vive sobretudo para o futuro.

— O que você quer ser quando crescer?

— Homem-Aranha! — responde o menino com um esgar sinistro.

— Cabeleireira, como a mamãe! — diz a menina com ternura...

É curioso: essa é uma das raras perguntas dos velhos que a criança entende logo e para a qual tem resposta pronta.

Deve ser algo intuitivo. Para uma criança, o mundo apresenta-se como um palco em que cada pessoa representa um papel diferente: a mamãe na lida caseira, sempre atenta aos filhos; o papai sai do "palco" muito cedo e volta tarde, às vezes um bocado rabugento; a tia entra no "palco" a qualquer hora, com sacola na mão e falando alto; o sr. Silva diz sempre não-sei-quê ao descer as escadas e usa chapéu; a vizinha é velha e arrasta os sapatos... Há muitos personagens no prédio, na rua, na televisão, mas nenhum igual a outro. Gordos, magros, mais altos e mais baixos... A criança por enquanto é só um observador, mas está crescendo — isso nota-o ela perfeitamente — e um dia também será grande. E também será diferente dos outros, com certeza. Que papel vai desempenhar?

A própria pergunta lhe diz que tem de ser ela mesma a escolher: "O que *você quer* ser...?" Ora, isso é entusiasmante! A imaginação voa. Percorre as figuras que conhece e aponta a que prefere... naquele dia; porque no dia seguinte o ídolo já pode ser diferente.

Por outro lado, procura compreender a peça que se desenvolve ao redor. É uma peça contínua, interminável... Às vezes o pai vem satisfeito, outras não; a tia, ora tagarela sobre o que comprou nas promoções, ora vem triste porque a empregada foi embora; o sr. Silva desce a escada cabisbaixo e aos resmungos, mas quando regressou noutro dia berrou logo à entrada: "3 a 0, mulher! 3 a 0! Eu não disse? Agora sim!"

Portanto, a vida é como o futebol: ora se ganha, ora se perde. Mas um jogo complicado, composto de vários jogos cruzados, cujas regras a criança tenta adivinhar:

— Mãe, eu bati no Pedro — dizia um menino. — Agora levo uma bronca, não é? E depois?

As brincadeiras infantis são treinos para os desafios que terão que enfrentar "quando forem grandes". Jogos individuais e jogos em grupo, em que se esforçam por vencer, sozinhos ou em equipe, e que os divertem porque são só brincadeiras, mas nos quais já sofrem muito com as derrotas e exultam com as vitórias. "Quando eu for grande", pensa a criança, "vou ser esperto, forte e ágil; vou escolher bem os parceiros;

quando perder, não desanimar, e depois ganhar..."

Quais serão os seus jogos "quando for grande"? Uns vão ser-lhe impostos, outros ele escolherá, ou será ele a escolher a sua posição neles... O que não quer, de maneira nenhuma, é ser marginalizado.

* * *

A velha pergunta não admite mesmo outra hipótese: dá por assente que temos de escolher algum papel no teatro e jogo da vida. Ninguém fica de espectador. Não se trata de uma fatalidade, mas de uma obrigação pessoal. E o menino ou a menina também percebe intuitivamente que é uma questão de justiça, uma das primeiras virtudes a captar: se a irmã tem um balão, eu também quero; se devo estudar, tenho direito aos livros e à mesa; se alguém me dá isto ou aquilo, também tenho de lhe dar alguma coisa em troca; pelo menos, um "obrigado"... Portanto, se as pessoas crescidas fazem tantas coisas boas, eu também tenho de ser útil quando for grande... Escolherei o que quiser, mas algum trabalho terei.

E é também uma questão de amor: como os pais sonham com ela quando for grande, a boa criança deseja naturalmente corresponder aos sonhos deles para mostrar que os ama; e para que os pais nunca deixem de amá-la. Ainda que não fosse um dever de justiça, seria uma necessidade do coração...

A ADOLESCÊNCIA

Mais tarde, lá pelos doze, treze anos, este motivo enfraquece, e acentua-se o da liberdade, para não dizer da independência: por muito que ame os pais, será ele próprio, ela própria, a escolher! "O que quero ser? Quero ser o que *eu* quiser, e não o que os outros quiserem de mim!"

É uma virada importante, porque o rapaz ou a moça começa a pensar a sério no seu futuro e assume a responsabilidade pessoal e intransmissível na orientação da sua vida.

— Não sou boneco de ninguém! Nem preciso de conselhos!

O prurido de independência, em si mesmo muito salutar, pode levar realmente o jovem à imprudência numa questão vital. Felizmente, o adolescente ainda tem muitos anos por diante para mudar de ideia e a sua proclamação de independência ainda está aberta a quaisquer decisões sobre o futuro.

Nessas idades os projetos de vida já adquirem novas tonalidades, mais realistas. Passam da imaginação e do sonho pueril ao cálculo de probabilidades: "De que serei eu capaz?" Ao mesmo tempo, são mais amplos e profundos: "Como serei feliz?" E mais generosos: "Que posso fazer para melhorar o mundo?"

O jovem não se atreve a exprimir esse anseio grandioso, mas, vendo-se cada vez mais próximo do mundo dos velhotes, sente realmente a necessidade de o transformar: "Este mundo não presta; está cheio de estupidezes e manias; as pessoas não são felizes nele; andam todos carrancudos, falam mal uns dos outros, e não têm tempo para nada..."

Aqui se registra outra virada importante, e que faz do rapaz um homem. De fato, quem aceita o mundo como ele é — ou "está" — mantém-se no nível da planta e do bicho. O homem é por natureza um revolucionário. Pode conformar-se com tudo, mas não está satisfeito com nada. Se veio ao mundo, foi para transformá-lo.

E, paradoxalmente, começa também o rapaz (como a moça) a ficar carrancudo, agreste, isolado; impertinente em casa; discutidor com os amigos, complicado para consigo mesmo, no meio de uma turbulência sexual que o desconcerta ainda mais... A sua felicidade, porém, já não consiste só no bem-estar material ou no sucesso, mas também na capacidade de intervir e modificar o ambiente familiar e social... E mundial! Não estará bom da cabeça?

Difícil crise, que o tortura e às vezes o torna insuportável em casa, é verdade...

Mas, às escondidas, os pais devem abrir uma garrafa de champanhe, porque o pássaro já voa sozinho: "Temos um homem!", ou "Temos uma mulher!"

Guinada importante, também, porque o filho, perplexo, se abre a um horizonte imenso, onde a sua pessoa, afinal, é um ponto minúsculo..., mas que está no centro do mundo! Quem o entenderá? Com quem falará? Talvez não o saiba formular, mas a pergunta mudou. Já não é: "Que quero ser?", mas: "Por que sou assim? Por que anseio por tanta coisa que não posso realizar?"

Para suavizar a crise, aparece o amor. A experiência amorosa pode ser mais ou menos forte, mas introduz um elemento surpreendente de encanto: algo que ilumina o mundo, como diz a canção dos Platters: *Only you can make this world seem right! Can make the darkness bright!* — "Só você pode fazer com que este mundo pareça mesmo certo! Que se encha de luz a escuridão!"... No meio da confusão interior, é, com efeito, uma luz no final do túnel; uma suspeita de outra dimensão da realidade e uma curiosa calmaria interior. A sua razão, perplexa, ou angustiada, vê-se respondida pelo coração!... E o coração pede-lhe grandeza!

É o despertar de uma grandeza de ordem espiritual, fugidia talvez, mas que deixa na alma uma lembrança imperecível de beleza moral: o jovem descobre-se capaz de entrega a um grande ideal, e compreende quem o faz por amor, no sacerdócio, na vida religiosa, na ciência, no exército, no voluntariado social... Compreende, sonha e inveja a aventura e a heroicidade.

A sua resposta, então, depende em grande parte do habitat em que vai crescendo, em casa e nos grupos em que está inserido. Mas qualquer desses ambientes tem diversas virtualidades: numa tribo gregária de viciados, ele (ou ela) pode deixar-se abafar no vício, por imitação; ou rejeitá-lo terminantemente, por repugnância; num ambiente sadio será atraído pela vida alegre e exemplar da família e dos amigos, ou afastar-se dela por curiosidade, preguiça ou azedume... Seja como for, o jovem sabe que é livre e percebe que tem de escolher muito mais do que uma profissão: tem de criar o seu próprio *modo de estar na vida*.

E o tempo começa a contar: já não se deixa enganar pelo tempo indefinido da infância. A morte apresenta-se-lhe distante, mas fatal. A alegria infantil de fazer mais um ano vai-se mesclando com a apreensão de entrar na zona perigosa das opções definitivas. Por um lado, gosta de saborear a sua *belle époque*; por outra parte, tem pressa de se afirmar com uma personalidade válida para o futuro. Compara-se com os amigos e colegas de maior sucesso nas classificações académicas, na vida social, na qualidade de projetos, e receia atrasar-se. É um período de insegurança, que o pressiona a determinar-se por algum caminho — pelo *seu* caminho!

Porque chega à conclusão de que há um caminho seu, parecido ao de muitos outros, talvez, mas tão diferente como é ele dos demais. E também se dá conta de que se vão afunilando as suas possibilidades — por circunstâncias familiares, pelo país onde vive, pelas perspectivas de emprego, por exclusão do que não gosta ou até detesta, por certa moça de que não quer separar-se... Cada vez mais lhe parece que a própria vida lhe vai forjando o destino.

E é verdade: a certa altura as circunstâncias obrigam-no a optar apenas por dois ou três caminhos, entre milhares, e a partir dos quais só lhe resta cumprir o seu papel. E cada vez mais se convence de que o principal não é o curso que escolheu e a família que vai formar, mas como desempenhar o que a vida lhe proporcionará: o *modo de estar na vida*.

Os conselhos

"Não preciso dos conselhos de ninguém!", tinha dito ou pensado anos antes. O certo é que tinha vontade de saber o que os pais e os amigos achavam dos seus projetos. E também é certo que, no fundo, tinha consideração pelo que lhe diziam a sério ou de brincadeira, embora não o confessasse. Por vezes, um simples sorriso irônico, uma gracinha, ou um olhar de concordância, lhe bastaram para abandonar ou confirmar alguma das suas hipóteses.

Mas foi uma pena não ter pedido conselho. O homem é um "ser social". Não pode dispensar a experiência e o conhecimento alheios. Devemos ouvir quem possa esclarecer-nos, sobretudo em matérias tão importantes como a profissão, o casamento e outras escolhas determinantes da nossa existência.

Acontece, porém, que poucos sabem aconselhar. E nesse ponto o rapaz ou a moça tem razão em não pedir conselho, porque o que recebe em troca costuma ser apenas uma fuga à responsabilidade: "Bom, você é quem sabe... Pense nisso melhor..."; "Talvez, talvez... Mas não sei se será capaz..."; "Não será um pouco arriscado nos tempos que correm?" etc.

O bom conselheiro deve respeitar as opções do consultante, sem se substituir a ele com os seus próprios gostos ou expectativas. Os pais devem lembrar-se de que criaram os filhos para serem livres e responsáveis. Embora em matérias corriqueiras, como a pontualidade, a ordem no quarto, o estudo, as boas maneiras etc., lhes possam exigir obediência, não têm direito a opor-se às suas opções fundamentais. Evidentemente, se o rapaz se entrega às drogas ou a filha ao chamado "amor livre", têm direito — e em certos casos a obrigação — de os pôr até fora de casa, por causa dos irmãos; mas, tratando-se de opções legítimas, por mais estranhas que lhes pareçam, a única atitude correta será a do respeito e — se ele ou ela aceitarem — a do bom conselho.

Bom conselho será aquele que ajudar o moço ou a moça a refletir sobre as implicações da sua escolha, ainda que à primeira vista pareça um disparate. "Astronauta? Você quer ser astronauta? Por que não? Daqui a uns anos é possível que já se organizem voos interplanetários... Mas sabe o que um astronauta tem de estudar? E os exercícios físicos necessários? Vou te emprestar um livro sobre esse assunto..." "Cantor? Ótimo! O seu primo já lançou um CD com as suas canções. Por que não vai conversar com ele sobre isso? Eu, desse negócio não entendo nada..."

Contudo, nem sempre os melhores conselheiros serão os pais, sobretudo quando o filho ou a filha opta por caminhos de risco em qualquer sentido — exército, polícia, montanhismo etc. — ou de menor rendimento econômico — serviço doméstico, enfermagem, artes, sacerdócio etc. Já se tornou clássico o mau conselho da mãe do aviador: "Meu filho: voa baixo e devagarinho".

Note-se, porém, que os "maus conselhos" maternalistas ou paternalistas também têm a sua utilidade: servem para lembrar ao filho os riscos que terá de vencer e fazem-lhe sentir que a sua vida é importante para a família. Se quer ser generoso, aventureiro, valente, estarão de acordo, mas que, por amor deles, não seja temerário!

Em muitos casos, porém, são mesmo "maus conselheiros". Há amores que matam, costuma dizer-se. E é verdade: podem matar a generosidade do jovem, o que o marcará para sempre; e podem vir a amargurar para sempre quem o desviou daquilo a que ele se sentia chamado. Se depois a vida "correr mal" ao rapaz ou à moça, o mau conselheiro nunca deixará de se perguntar se a culpa não terá sido sua...

Lembrem-se os pais de que a prudência não consiste em ter cautelas, mas em usar os meios adequados ao fim proposto. Quer vencer a maratona? O melhor conselho não é "Toma cuidado com os quenianos!", mas "Exercite-se mais; melhore a respiração; escolha bem o calçado; não fique nervoso com as disparadas dos outros..." A prudência dos pais começa pela de não imporem o seu parecer aos filhos. E o que se diz dos pais, diga-se dos irmãos e amigos em geral.

Aliás, quem quer que dê um conselho não é dono nem juiz do aconselhado, nem deve levar a mal que este siga caminho diverso daquele que lhe foi sugerido. Como dizíamos atrás: cada um deve assumir a responsabilidade na orientação da sua vida, consultando acima de tudo a sua consciência, e assim, "ainda que erre, acerta" — aparente paradoxo de que falaremos mais adiante.

A crise

Voltemos à adolescência e à primeira juventude, período decisivo da vida. Tínhamos deixado lá algumas questões importantes.

Dizíamos antes que a criança descobria o mundo como uma espécie de palco teatral, cheio de figurantes muito diversos e representando numa espécie de telenovela interminável, e como campo imenso de um jogo complicado, feito de muitos jogos complicados. Quanto à peça teatral, a criança gosta de imaginar que papel prefere; quanto aos jogos, que regras seguem. Mais tarde, ao despertar a puberdade, vem o surto de independência e a rebeldia, mais o desejo de refundir o mundo. E a sua consequente — e angustiosa — solidão... Mais o lampejo do amor e da morte, e o sonho de heroicidade.

Que sentido tem tudo isto? Visões passageiras, que se vão anulando umas às outras? Sentimentos confusos provocados pelo desenvolvimento físico e psíquico?

De modo nenhum: todas essas impressões infantis, adolescentes, juvenis, continuam a ser verdade no homem maduro e no velho. Em qualquer idade, o mundo continua sendo um teatro, em que cada pessoa representa o seu papel, mas podia representar outro; e continua sendo o campo de milhares de jogos simultâneos com diversas regras; uns jogos em que me vejo forçosamente envolvido; outros, que eu próprio escolhi, e nos quais, por mais coletivos que sejam, está em jogo a *minha* própria realização... A liberdade e a responsabilidade pessoais mantêm-se pela vida fora. Quaisquer que sejam as circunstâncias que se me apresentem, sou eu sempre que tenho de enfrentá-las: ninguém pode viver por mim, ser feliz por mim, construir-me por mim. Continuam sendo verdadeiros o amor e a justiça; e o mundo necessitado de profunda reforma; e eu tenho realmente obrigação de o tornar melhor.

E não valho nada, sou um ponto ínfimo na Humanidade, mas continua sendo verdade... que estou no centro! Não consigo ver nada senão a partir de mim. Estou mesmo no centro do Universo e no centro da História. Por mais que me reconheça como um ínfimo grão de poeira no espaço incomensurável, aponto o mundo "de fora", como algo diferente de mim, em que estou imerso, mas não sendo eu. Como quem nada no mar não se confunde com as ondas... Por mais que eu recue no tempo e preveja milênios futuros, a História, todos os acontecimentos passados, se refletem de algum modo em mim; e eu estou transmitindo às futuras gerações algo de pessoal com a minha conduta... Chamem-lhe vaidade, soberba, pretensiosismo; a verdade é que ninguém escapa a esse sentido de responsabilidade. Se eu fosse apenas poeira, nunca diria: "O mundo", como algo separado de mim; e se eu não interviesse na História, não pertenceria à Humanidade...

Por isso a rebelião adolescente marca uma virada importante: é a tomada de consciência da sua grandeza "absurda" — se não lhe explicam. Como aparentemente "absurda" é a própria existência, a morte e o desejo de eternidade, a ânsia de uma felicidade sem limites, quando tudo o que me cerca, por maior que seja, é limitado. O nosso conceito de infinito é negativo (*sem* fim), mas só o fato de que alguém limitado, num mundo limitado, o conceba — e aspire a ele! — justifica a rebeldia juvenil: somos seres estranhos; nada nos satisfaz!

Exceto o amor. De repente, Adão e Eva encontram-se, e o mundo já tem sentido: é um jardim! Um simples jardim. Maravilhoso. Para eles passearem, cultivarem, brincarem com os filhos, e com os filhos dos filhos, e com os filhos dos netos... O grandioso Universo, afinal, é um pequeno jardim! O homem é muito maior do que ele, e seu dono. O amor fez-lhe descobrir que não está feito para as coisas; são as coisas que estão feitas para ele. O amor deu-lhe paz. Confirmou essa consciência de ser o centro de tudo. Fez-lhe descobrir no outro — ou na outra — uma grandeza semelhante à sua. Com efeito, só o amor *can make this world seem right*...

Romantismo? Sim, o homem é essencialmente um ser romântico. Já trataremos disso mais adiante.

Prossigamos. Víamos que as sucessivas intuições e impressões das primeiras idades se mantêm no homem adulto; não são sentimentos fugazes. São verdades profundas, elementares, no sentido de basilares, constitutivas da personalidade humana. Entre elas, a experiência de um "afunilamento" de projetos à medida que se vão delimitando as possibilidades futuras. As circunstâncias e os acontecimentos obrigam o jovem a enveredar por caminhos que não pretendia, uns favoráveis, outros desfavoráveis aos seus desejos; outros ainda, abertos a horizontes inesperados.

Também esta é uma verdade elementar: não somos totalmente senhores de nós. Desde que nascemos — e nascer já não é um ato voluntário —, os pais, o local, o clima, a língua, o ambiente social, o nosso corpo e a saúde, a nossa capacidade intelectual, os centros de ensino... quase tudo, nos é "imposto". E vão sucedendo mil acontecimentos que não dependem de nós mas nos afetam... Temos de sujeitar-nos a essas curvas da estrada e, além disso, não vamos sozinhos: o interesse dos outros, que amamos ou não amamos, cruzam-se com os nossos, e vemo-nos forçados, com gosto ou sem ele, a adaptar-nos ou a reagirmos.

De vez em quando paramos, para "assistir" à nossa vida. E chegamos à conclusão de que a única estabilidade possível é interior — o "modo de encarar a vida", de que falávamos — e que esta é a principal questão a resolver. E então — um "então" que talvez se repita periodicamente ao longo da nossa existência — sentiremos necessidade de um conselho muito mais alargado do que o juvenil sobre a profissão. Necessidade, digo; nem sempre desejo, pois o espírito de independência (para não dizer de soberba) não desaparece com a idade, antes é capaz de se tornar mais duro ainda e resistente a pareceres alheios. E, como não queremos conselhos, mas precisamos deles, o recurso mais habitual é "discutirmos" com os amigos os "problemas" da nossa vida, sem reconhecer erros passados, grandes ou pequenos. Pretendemos apenas "confrontar ideias"; não pedir opiniões; e menos ainda segui-las... Dentro do "jogo" da vida, infelizmente, custa-nos imenso retificar.

E aqui voltamos à desculpa do jovem rebelde: é realmente difícil encontrar, mesmo entre os amigos, quem nos compreenda, aprecie a nossa boa vontade e tantas boas coisas que fazemos, e nos explique os erros que cometemos, o valor daquilo que consideramos fracassos e possivelmente não o são, as boas oportunidades da nossa situação presente; e nos aponte caminhos práticos para superar as nossas inquietações.

A SABEDORIA DA IGREJA

Tudo isso e muito mais nos oferece a Igreja, a melhor conselheira do mundo, "perita em humanidade", na feliz expressão do Bem-aventurado Paulo VI. "Perita em humanidade", não só pela sua experiência histórica mais que bimilenária, mas sobretudo pelo seu conhecimento de Cristo, modelo supremo da pessoa humana e que "revela o homem a si mesmo e lhe descobre a sua vocação sublime" (*Gaudium et spes*, n. 22). Realmente, só ela explica a profunda verdade das intuições infantis e juvenis, que perduram — tantas vezes escondidas — no homem maduro e no ancião, e que chegam a explodir na proximidade da morte:

aquela visão do teatro e do jogo da vida; com a "fatal" necessidade de nos determinarmos livre e responsavelmente por um modo pessoal de "estar no mundo" e de nele intervirmos; mais a evidência de sermos diferentes de todos, únicos e irrepetíveis; a convicção de sermos o centro do Universo e da História, simultaneamente com a perfeita consciência de sermos de "pó e cinza"; a impressão crescente de que, mais do que abrir caminhos, somos obrigados a seguir, bem ou mal, os caminhos que se nos abrem... E os tais anseios "absurdos" de felicidade eterna, de amor inextinguível, de transformação radical do mundo, de paz, de verdade pura, de justiça...

Que psicologia nos explica isso? A psicologia científica tem um grande problema: não sabe o que é o "homem normal". Consegue tratar muitas doenças psíquicas e acalmar ansiedades, mas, pela sua metodologia, é incapaz de definir a "normalidade humana". Para isso teria de partir de um modelo perfeito, que não possui. Apenas se aventura a descrever o "homem médio", normal no sentido de majoritário, "normalmente" capaz de convivência pacífica... Quanto às suas qualidades, a psicologia pode imaginar um protótipo, uma figura admirável, juntando nessa figura todas as virtudes encomiadas pelas inúmeras sabedorias antigas e modernas. Mas as combinações possíveis são tantas, que delas têm resultado os mais estranhos exemplares, desde inócuos *gentlemen* a autênticos Frankensteins. Pior ainda: apesar da sua superioridade em relação aos outros animais, o homem é de todos o mais desequilibrado, e, como todos nós o somos, é difícil distinguir o normal do anormal. Na cidade de cegos que imaginou Wells, o único homem que via foi, logicamente, considerado um louco.

Quando falamos dos limites da psicologia "científica", não pretendemos depreciá-la. O método científico é sempre "reducionista", no sentido de que estuda um só aspecto da realidade, embora possa e deva relacioná-lo com as outras ciências, pois não seria "científica" se contradissesse as verdades adquiridas por elas.

Qualquer ciência é limitada, por natureza e por definição. E para isso usa uma terminologia própria, necessariamente. Podia dizer-se mesmo que cada ciência é uma terminologia: a terminologia capaz de exprimir os fenômenos analisados na sua perspectiva. Daí podem resultar — e geralmente assim acontece — conclusões úteis ao homem; mas já é muito útil dispor de termos rigorosos para descrever o que vamos observando. Dou um exemplo: a economia não encontra solução para muitos problemas financeiros, econômicos, políticos, que nos afligem; mas só o fato de conseguir descrever, com extraordinária sutileza às vezes, os mil fenômenos econômicos, é muito importante. Tal como a medicina vai descrevendo cada vez melhor a anatomia e a fisiologia humana, mas não se espera dela que cure todas as doenças, como não se pode exigir à economia que "resolva" todos os problemas do seu setor.

O homem é certamente um ser muito complexo, paradoxal mesmo: ora aspira ao infinito, ora à feijoada. Ser ridículo e sublime ao mesmo tempo é a sua condição natural, por ter corpo e alma. E tentar transformá-lo num ser intermédio, amputando-o dos "excessos" espirituais, é inútil. Não se conforma.

A Igreja, porém, sabe que o homem não *é* desequilibrado; *está* desequilibrado. Desde o pecado original. E o que a Igreja ensina "concorda com os dados da experiência", como diz o Concílio Vaticano II:

> Quando o homem olha para dentro do seu próprio coração, descobre-se inclinado para o mal e imerso em muitos males [...] e encontra-se dividido (*Gaudium et spes*, n. 13).

Senão, como se explica que o ser mais inteligente da Terra seja também o mais estúpido de todos, se torne o maior predador da Natureza (como bradam os ecologistas), se degrade e se destrua a si mesmo? Alguma causa muito grave e profunda tem de estar na origem da Humanidade!

Por isso, a Igreja tem bem presente que os homens são bons, excelentes, extraordinários, superiores a quaisquer outros animais; mas que estão doentes, inclinados ao erro e à maldade. "Inclinados", note-se, propensos; não forçados ao erro nem ao mal. De outro modo, quem se culparia de alguma coisa má que tivesse feito? E todos sabemos como sentimos remorsos, até bem agudos, das faltas que cometemos. Sim, somos livres e responsáveis pelos nossos atos conscientes, embora nos sintamos ao mesmo tempo solicitados por fortes apetites contrários ao que a razão nos dita. Basta-nos pensar na dura luta interior que travamos para cumprir uma simples dieta...

A Igreja compreende o homem melhor do que ninguém, e não deixa de o exaltar, apesar das suas misérias; nem deixa de lhe apontar o caminho do bem. Em nome de Deus, perdoa qualquer pecado, mas exige sempre o arrependimento e o propósito de emenda. Melhor do que os maiores sábios, conhece os abismos a que podem conduzi-lo as suas fraquezas, mas não desiste de o chamar aos píncaros da perfeição. Vê o mundo carregado de sombras, mas também de luz; uma luz que brilha em heroicidades sem conta e que não falta sequer na consciência mais pervertida. Desconfia das suas melhores disposições, e confia na sua capacidade de as pôr em prática. Sabe que nunca chegará a ser perfeito — normal — e, no entanto, anima-o à perfeição absoluta.

Será, então, a Igreja uma criadora de utopias? Pede mil para que o homem dê vinte? Não; a Igreja repete apenas o que disse Jesus: *Sede perfeitos como é perfeito o vosso Pai que está nos céus* (Mt 5, 48). Cristo referia-se diretamente à caridade, mas a caridade, justamente, *é o vínculo da perfeição* (Cl 3,14). E referia-se indiretamente a si mesmo, porque, ao assumir a natureza humana Jesus se tornou a mais perfeita imagem — o Rosto humano — de Deus. Aí está o modelo da perfeição, o modelo da "normalidade": ser normal é parecer-se cada vez mais com Cristo, cuja Encarnação procede do

Amor e se manifesta na caridade até o extremo do Calvário.

Quanto a nós, só no céu o nosso amor será perfeito; só no céu será perfeito o homem; mas o será, realmente, quando lá chegar. Não é um ideal inalcançável, portanto; não é uma utopia; é, nem mais nem menos, o nosso destino! O "sede perfeitos" dirige-se a seres perfectíveis, que se desenvolvem aqui na Terra. Significa: "esforçai-vos por isso", "procurai lutar pela perfeição", "sede cada vez menos imperfeitos", "não desistais da caminhada que vos conduz ao céu". Afinal, "a perfeição (na Terra) é a contínua luta pela perfeição", em frase de São Bernardo. Ora, lutar por isso não é uma utopia; não é impossível a ninguém, por mais baixo que esteja.

Sede perfeitos como o vosso Pai... Que desejam os pais, senão que o filho nasça "perfeitinho"? Não perfeito como se apresenta em cada fase da gestação —

que isso é toda a vida terrena —, mas aperfeiçoando-se (em linguagem jornalística) com um "desenvolvimento sustentável".

A Igreja não nos engana: recorda-nos que somos "pó e cinza", mas não nos reduz a essa insignificância, nem ri das nossas "absurdas" aspirações; faz-nos ver que essa persistente e radical insatisfação — que nenhum bicho sente — manifesta precisamente a nossa extraordinária grandeza. A Igreja não procura livrar o homem dos seus "excessivos" anseios; pelo contrário, fomenta-os, porque (se o quisermos) serão consumados e ultrapassados.

O romantismo (I)

Dizíamos que, embora longínqua, a realidade da morte se impõe ao adolescente, o perturba e o incita a aproveitar o tempo, a não ficar para trás com relação aos colegas e amigos; a "crescer" mais depressa para vencer na vida. Não quer dizer que o faça, mas, pelo menos na sua imaginação, o *élan* existe. E a experiência amorosa desperta-o de repente para uma dimensão surpreendente e luminosa, que o harmoniza instantaneamente com o mundo e a Humanidade. Não sabe que descobriu o Grande Segredo de tudo! Terá ouvido falar do amor, mas eram palavras bonitas; e o que sente agora já não são palavras bonitas: é o tudo-ou-nada! A razão de ser da sua vida!

Paixonites da juventude? A Igreja leva-as a sério. Quando um rapaz e uma moça se enamoram, algo de grandioso acontece: recomeça a Humanidade! A Igreja o que lhes diz é que se respeitem; não julguem que se trata apenas de uma "química"; e não convertam o seu afeto em mera "experiência", porque se apaga.

Os primeiros amores costumam ser mesmo "primeiros", também é verdade. Aquilo passa. Talvez. É muito frequente. Por isso os namorados devem dar tempo ao tempo, para confirmarem o afeto mútuo e para verificarem se já se conhecem bem. Mas não para se "experimentarem", como a criança que quer saber como é a boneca por dentro... e a destrói.

Sobre o que o homem e a mulher esperam um do outro, Wodehouse tem uma história divertida de dois apaixonados por golfe que se apaixonaram pela mesma mulher. Amigos leais e desportistas, resolveram deixar a oportunidade de cortejá-la àquele dos dois que vencesse um jogo de golfe. Esmeravam-se ambos por ganhá-lo, é claro, mas a certa altura, inexplicavelmente, um deles renunciou ao "prêmio"; e o outro, comovido, foi declarar-se à pretendida, contando-lhe os grandes lances do desafio travado por amor dela. Mas, para seu escândalo, a bela moça achava o golfe, pura e simplesmente, uma estupidez. Chocado com a resposta, desabafou a desilusão com o amigo. "Pois é", respondeu ele, "eu já sabia. Não conhecemos bem as pessoas..." E acabou o duplo romance.

Outra das suas personagens é um pinga-amores que se entusiasma sucessivamente por qualquer moça que o impressione, convencido sempre de que "desta vez é que é verdade"... Realmente, entre a paixão e o amor há um "salto de qualidade" que muitos não conseguem dar. Ainda assim, as meras "paixonites" já fazem descobrir ao jovem a tal dimensão luminosa da vida. E sem essa iluminação nunca a entenderia.

Vem a calhar a célebre frase de Pascal: "O coração tem razões que a razão desconhece". Diríamos que o homem tem intuições — inclusive evidências — que desafiam a sua inteligência e a obrigam a tentar explicá-las. O amor é uma das mais importantes. Quando o homem descobre que só será feliz na entrega a outrem, começa a compreender-se e está em condições de compreender a Criação e a Redenção: porque o *homem foi feito à imagem e semelhança de Deus* (Gn 1, 26--27), e *Deus é Amor* (1 Jo 4, 16).

Tudo, todas as coisas, revelam algo do Criador, como as obras de um artista nos revelam algo desse mesmo artista, ainda que nada mais conheçamos dele. Mas, ao criar o homem, Deus criou um ser pessoal, e por isso nenhuma outra criatura como o próprio homem revela tão profundamente quem Deus é e como é. O amor homem-mulher, assim como o de pais-filhos, é o que melhor nos permite vislumbrar a Essência divina. Ao descobrir o amor, o jovem descobriu, de verdade, sem o saber, o segredo da felicidade e a senda que deve seguir para se compreender a si mesmo e para alcançá-la. É o caminho da família. Por mais imperfeita que ela seja, reflete a "Família divina" — Deus Uno e Trino: Pai, Filho e Amor —, "Família" a que nos chamou a todos nós, para participarmos da sua imensa felicidade. E assim como na família a pessoa mais importante é *cada um* dos seus membros (se não, quem é?), a Igreja confirma a nossa aparente "soberba" de sermos — cada um de nós — o centro do mundo e da História. É a pura verdade.

Só Deus podia estabelecer esta igualdade inaudita entre os homens! Como São Josemaria no-lo faz sentir tão bem no ponto 274 de *Caminho*:

> "Padre" — dizia-me aquele rapagão [...] —, "estava pensando no que o senhor me falou..., que sou filho de Deus! E me surpreendi, pela rua, de corpo "emproado" e soberbo por dentro... Filho de Deus!"

Aconselhei-o, com segura consciência, a fomentar a "soberba".

Tem graça o *cartoon* de Watterson em que o pequeno Calvin se exalta perante o amigo Haroldo: "Imagine! Milhares de gerações viveram e morreram para produzir os meus pais, cuja razão de ser, obviamente, foi produzir-me a mim! Toda a História até hoje caminha para preparar o mundo para a minha presença. E aqui estou eu a dar uma razão de ser à História!" E também tem graça o que lhe pergunta o simpático "tigre": "E agora que a História te criou, que você vai fazer?" Vai fazer, como é óbvio, o que prefere um garoto de seis anos: ver com o amigo um monte de desenhos animados na televisão.

Tem graça, porque é verdade ser cada um de nós o centro da História, por mais vulgar e intranscendente que pareça a nossa vida. Embora a "História" não crie nada (uma vez que ela mesma é feita por nós), a sua "razão de ser" é, mesmo, cada homem.

Bendito seja Deus e Pai de Nosso Senhor Jesus Cristo, que nos abençoou do alto dos Céus, escolhendo-nos nEle, antes da criação do mundo, para sermos santos e imaculados a seus olhos, pelo amor; que nos predestinou para sermos seus filhos adotivos por meio de Jesus Cristo, por sua livre vontade, para louvor da sua graça esplendorosa, pela qual nos tornou gratos no Amado! (Ef 1, 3-6)

AS VOCAÇÕES

Tudo isto, a propósito de uma pergunta às crianças: "O que você quer ser quando crescer?" A criança responde primeiro com a imitação, depois com sonhos pessoais, mais adiante com o anseio de corrigir o mundo, depois vendo-se limitado nas suas capacidades, mas ao mesmo tempo sentindo também a atração da aventura e da heroicidade; e o amor faz-lhe ver um inesperado caminho de felicidade que se torna o cerne de todos os seus projetos...

Quem lhe fará ver o sentido dessa viagem interior? Que bom conselheiro o ajudará? Quem lhe explicará que todas as suas "fantasias" podem e devem tornar-se realidade?

Ouviu falar de grandes heróis e aventureiros, e, se tem alguma formação religiosa, familiarizou-se com sacerdotes, viu frades e freiras; leu histórias de missionários... Sabe que há muitas pessoas assim, "com vocação", como costuma dizer-se, e ter-se-á perguntado se não terá ele (ou ela) alguma vocação dessas. Por vocação entende geralmente "ter jeito" e gosto nisso, como as pessoas com vocação de médico, de advogado, de engenheiro etc. Umas para as coisas de Deus, outras para as coisas do mundo... Quanto ao casamento, não lhe passa pela cabeça que seja precisa nenhuma "vocação": para ele, é apenas a condição normal da vida. Portanto, pensa, se ele (ou ela) se apaixonaram, não há dúvida de que essas tais vocações especiais não são para ele, nem para ela... Além disso, aquelas outras "vocações" costumam ter origem num episódio ou numa história interior fora do comum, difícil de explicar. Ora, como nada de especial lhe aconteceu, não são para ele, ou ela. (Como se lhes fosse fácil dizer por que se apaixonaram! Teriam de confessar que foi num momento muito especial... difícil de explicar!)

Porque se diz "vocação" não sabe; será o tal "jeito" ou "gosto" de certas pessoas especiais... Ou um "chamamento", segundo o que usam dizer essas pessoas. Mas quando se lhe explica que vocação e chamamento significam a mesma coisa — que foram chamados por Deus — sentirá um arrepio:

— Então por que se diz a mesma coisa do médico, do engenheiro, e por aí adiante? Também foram chamados por Deus a essas profissões?

E a resposta correta é que sim: foram chamados por Deus.

— Mas foram eles que quiseram!

— Também os outros quiseram ser o que são!

Alguma razão lhes assiste, porém, nessa objeção: a realidade de alguém ser médico ou sapateiro não significa sempre que seja essa a sua "vocação" no sentido de "jeito" ou "gosto"; a do sapateiro talvez fosse tocar violão e a do médico, a de pesquisador. Se não o fizeram, das duas, uma: ou as necessidades da vida os forçaram a isso — e aí se tem que ver a mão da Providência divina —, ou preferiram seguir outro caminho por razões egoístas: o sapateiro, para não estudar música, por exemplo; o médico, para fazer fortuna. Nestes últimos casos, não prestaram à sociedade os serviços para os quais gozavam de maior aptidão e que Deus esperava deles; e, embora fabriquem bom calçado ou tratem bem os doentes, privaram a sociedade de uma contribuição artística ou científica eventualmente de maior valor.

Sendo possível seguir as nossas especiais aptidões, devemos fazê-lo. Há um ponto de *Caminho* que o diz muito expressivamente: "Àquele que puder ser sábio, não lhe perdoamos que não o seja" (n. 332). Por quê? Suponho que uma das respostas é óbvia: há tantas necessidades no mundo, que tudo o que pudermos fazer é pouco para resolvê-las. Daí, o dever de contribuirmos o mais possível para minorá-las.

Não somos (só) nossos

Eis outra intuição de que nos apercebemos desde crianças: não somos "nossos". Ou melhor, somos e não somos. Somos nossos, porque somos livres; não somos nossos, porque somos responsáveis. Na medida das nossas capacidades, fazemos o que quisermos, mas temos de "responder" perante os outros pelo que fizermos. Responder, a quem? A todos os que nos beneficiaram: em primeiro lugar, a Deus; em segundo, aos pais; em terceiro, ao nosso país; e à Humanidade inteira, que nos ofereceu o mundo em que nascemos e vivemos...

Teremos visto e ouvido o *slogan* abortista, que se foi estendendo lamentavelmente: "Eu sou minha!", "O meu corpo é meu!" Mentira! Tu também és minha! És minha irmã! O teu corpo também é nosso: basta que estejas doente para veres como nos sentimos na obrigação de te tratar. E ainda antes disso: na obrigação de te alimentar, vestir, ensinar, servir de mil maneiras... És nossa! És nosso! Tu, o teu filho, os teus pais, a tua família... Não sobreviverias, se não fosses nossa ou nosso. És uma riqueza que a todos pertence. Uma riqueza que devemos respeitar, mas que não existiria sequer, se não nos pertencesses. Se pretendes ser apenas teu ou tua, experimenta afastar-te de nós. Foge para uma ilha deserta, sem um pano que te cubra nem uma bolacha na mão...

És uma riqueza, sim, pois não há ninguém como tu. Parecidos, com mais ou menos qualidades, sim, somos todos; mas igual a ti não há ninguém. Pergunte aos pais de gêmeos de qual deles prescindiriam!... Ninguém vê o mundo à tua maneira, como nenhum verdadeiro artista o "vê" de igual modo: contemplando a mesma paisagem, descobre novas harmonias; e olhando para o mesmo rosto, encontra expressão diversa. Não há nenhuma história igual à tua, nem recordações idênticas às tuas. Em ti o universo é como que re-estreado e a História "deságua" e corre em novas direções.

Ao saber de catástrofes e mortandades, a dor que sentimos imediatamente é de compaixão por tantos sofrimentos alheios, mas pouco pensamos na falta que nos fazem os que morreram, pelas suas diferentes capacidades: quantos bens diversos podiam fazer se vivessem ainda! Sofremos por eles, mas devíamos sofrer também por nós: eram nossos e perdemo-los! E com eles perdemos o que só eles eram e podiam ter feito!

É verdade: não me pertenço só a mim. Vale a pena lembrar a resposta de um ilustre médico, já de vasta "clientela", que se lançou ao doutoramento à custa de muitas horas de sono, quando um amigo o repreendeu:

— Está acabando consigo!

— Sabe? — replicou-lhe o médico. — A sociedade investiu muito em mim!

Isto é: tinha perfeita consciência do que devia aos outros, e sentia-se na obrigação de dar o máximo de si. Não se tratava de ambição; era, pura e simplesmente, uma questão de justiça!

Não somos só nossos, não; nascemos com uma enorme dívida a pagar — a nossa própria existência — e que foi aumentando com os inúmeros e imensos bens que nos foram sendo oferecidos. A teologia moral dá um nome à atitude adequada a esta situação: quando a dívida é tão grande que não podemos pagá-la, a nossa disposição deve ser a de retribuir, como melhor pudermos, ao longo de toda a vida. Chama-se *piedade* a esse aspecto da justiça. Piedade para com Deus, para com os nossos pais, para com a nossa Pátria, para com a Humanidade em geral.

Só a partir deste sentido de justiça compreendemos que a escolha do nosso "modo de estar no mundo", incluindo a profissão e a constituição de família, não deve ser fruto de pura arbitrariedade ou do simples gosto, mas consiste primariamente na resposta correta a um "chamamento", ou seja, a uma série de indicações que se nos vão perfilando através das circunstâncias da vida, entre as quais se contam os nossos gostos, sem dúvida, mas não como critério absoluto. Mais importante que o gosto é a felicidade, e nunca seríamos felizes se o nosso gosto comprometesse, por exemplo, estritos deveres familiares, ou nos reduzisse à indigência, tornando-nos um peso para os outros; enfim, se não cumpríssemos as mais elementares exigências da justiça, sob o pretexto de nos "realizarmos".

Em tal caso, seria razoável o que o preguiçoso dizia:

— Há quem não tenha jeito para as línguas ou para a música; pois eu não tenho jeito para trabalhar!

Nesse sentido — de puro gosto — nenhuma "vocação" é factível. O gosto ou "jeito" serve apenas de orientação para nos "realizarmos" na vida real. Um bom advogado confessava, com humor:

— A minha vocação, no fundo, não era a de advogado. Nem sei bem qual era... É como se eu tivesse vocação de aviador no tempo de D. João VI!

Mas também acontece o contrário, como o de um santo sacerdote, cuja vocação despertou com a maior clareza, para nunca mais hesitar, aos quatro anos!

Com efeito, às vezes o nosso "gosto" é claro, persistente, exequível e útil; e então pode tornar-se determinante; mas, frequentemente, é variável, ou muito genérico, ou impraticável, e então convém-nos tê-lo em conta, mas cingindo-o a considerações de outras ordens e aproveitando-o, na medida do possível, para as tarefas que as circunstâncias nos impuseram. nesse caso não se põe em causa a "felicidade", pois, como diz Nosso Senhor: *É maior felicidade dar que receber* (At 20, 35). Renunciar aos sonhos para nos cingirmos à realidade faz parte dela: da felicidade de sermos úteis. E quantas vezes o que parecia um sacrifício se converte em gosto maior do que o que se deixou!

O romantismo (II)

Voltamos ao romantismo. Dizíamos atrás que o homem é um ser romântico. A felicidade humana — possível — não está no dinheiro, no poder, no prestígio, no intelecto, na saúde, na beleza. Está no coração, na generosidade, no amor verdadeiro. No esquecimento próprio, por amor. Um psicólogo judeu — Viktor Frankl — descobriu isso num Campo de Concentração. Verificou que os mais resistentes não eram os mais espertos nem os mais atléticos: eram os que tinham uma missão a cumprir em favor de alguém. Ele próprio resistiu pelo anseio de levar a sua descoberta ao mundo científico e a muitos doentes psíquicos.

Sim, concordaremos: viver para o bem dos outros é belo; mas o amor não correspondido faz sofrer tanto!... Sem dúvida, mas estávamos falando da felicidade "possível" aqui na terra, note-se. E quem ama, por mais que sofra, não quer deixar de amar. Ou, se o consegue, sente-se mais desgraçado do que antes. Não ter um amor na vida é não dar sentido à vida. É o vazio, o absurdo, o inferno.

O psiquiatra espanhol Juan Antonio Vallejo-Nágera conta a história real de um doente a quem faleceu a mulher num acidente de carro em que ele também ficou muito ferido. O médico propôs-se dar-lhe remédios que lhe abrandassem as dores e o aliviassem da pena de perder a esposa... "Não! Não! Não tire a pena! É a única coisa que me resta dela!"

O homem é um ser *essencialmente* romântico. É o que a Igreja nos ensina: o homem distingue-se dos outros animais em muitos aspectos, como a autoconsciência e a liberdade, mas a autoconsciência significa que o homem não é apenas "algo"; é "alguém", um "eu", o que lhe permite estabelecer relações "pessoais", únicas, com outro "eu" — condição e capacidade, portanto, de amar. Foi-lhe dada a liberdade precisamente para poder estabelecer essa relação com o próprio Deus, que é "pessoalíssimo" — Pai, Filho e Espírito Santo —, com os Anjos — cada um, uma natureza pessoal — e com as pessoas da nossa mesma natureza.

Nascemos para amar e ser amados, e a felicidade humana mede-se por quanto amamos e somos amados, mas, no caso de termos de escolher entre uma coisa e outra, preferimos amar a ser amados. O verdadeiro amor é sempre um "amor de perdição". Tal é o amor de Jesus: morre de amor até por quem O rejeita! Ele sabe por experiência humana o que é sacrificar-se "inutilmente"... Loucura? Isso era o que pensavam os seus parentes: *Está fora de si!* (Mc 3, 21) Mas verdadeiros loucos são os que se fecham em si mesmos, e se enrolam na sua concha como caracóis assustados.

Víamos antes que, quando o adolescente inquieto é surpreendido pelo amor, o mundo se ilumina; às interrogações interiores que tenta esclarecer, responde-lhe de repente o coração, e tudo lhe parece harmonioso, e certo.

O amor é cego, dir-se-á... Não, o amor tudo explica, porque é a efetiva razão de tudo: só o amor divino pode explicar a Criação. Não pode haver outra razão para existirmos. E nós fomos chamados à existência para conhecermos e amarmos o Criador, amando tudo e todos os que criou, e vivermos de amor por toda a eternidade. São os tais "excessos loucos" do coração humano, que nunca a matéria ou a energia física seriam capazes de produzir em nós; é esta aspiração ao Bem infinito, que nada de limitado podia provocar e muito menos satisfazer... As dimensões incomensuráveis do Universo não conseguiriam jamais produzir em nós senão a "in-consciência" de uma poeira astral.

Ora, o amor é um chamamento, uma atração; não é o coração que o produz; surge sem se procurar; e por vezes, até contra a própria vontade, quando vem interferir com os nossos objetivos imediatos. Não me refiro apenas ao amor homem-mulher; refiro-me também ao maior amor que nos consome, que é o amor a Deus, que arrebata facilmente uma criança, e que, pelo menos alguma vez na vida, e talvez contra a nossa vontade, nos eleva acima de todas as outras aspirações. *A minha alma tem sede de Vós meu Deus!*, clama o salmista. *Como o cervo anseia pela água viva!* (Sl 41). Não é sem motivo que se cita com tanta frequência a frase lapidar de Santo Agostinho, logo na abertura das suas *Confissões*: "Criastes-nos para Vós, Senhor, e o nosso coração vive inquieto enquanto em Vós não repousa".

Será mesmo assim? Não será essa apenas a experiência do salmista e de outros "exaltados"? Não, e pode provar-se muito facilmente com o que dissemos acima: nada nem ninguém nos satisfaz. Nem sequer a pessoa mais amada e que retribua a paixão de quem se enamorou dela: algum defeito terá; alguma qualidade lhe faltará; alguma vez incomodará; algum dia morrerá... Que pretendemos, a que tendemos, a que aspiramos, afinal? À beleza infinita, ao amor infinito, à infinita perfeição, à perfeita compreensão mútua... Gostamos das coisas, dos animais, das pessoas, mas só Deus nos pode satisfazer. É com Ele que comparamos tudo. Ele é o nosso grande amor solapado.

Aliás, só depois de reconhecermos esta nossa aspiração profunda, somos capazes de amar verdadeiramente o mundo e as pessoas: quando não lhes exigimos a infinita perfeição que só a Deus pertence. Nessa altura, sim, rejubilamos com um belo dia de sol — que passará —, com o belo sorriso da amada ou do amado, com a festa da família e dos amigos, com os pensamentos do sábio e a maravilhosa voz da cantora, com a neve da montanha e o fulgurante arco-íris...

Tudo é pouco, tudo passa, é verdade, mas entretanto anuncia-nos e encaminha-nos para o Céu, "para sempre, para sempre, para sempre!", como exclamava Santa Teresa em criança. E nem passa... Porque no Céu nos amaremos como nunca na terra conseguimos!

Este amor a Deus acontece-nos; atrai--nos, chama por nós; é uma necessidade. Não somos nós que o criamos. É um chamamento, uma "vocação" universal.

Os sinais

Quem explicará isto ao menino, ao rapaz, ao jovem, ao homem feito, ao velho? Quem lhe dirá que as suas "loucuras", afinal, são razoáveis e que, não só é bom sonhar com elas, mas que lhe apontam o seu verdadeiro destino? Se o quiser cumprir... Pois nenhum chamamento dirigido ao homem prescinde da sua liberdade. Um chamamento é um apelo a quem pode aceitá-lo ou rejeitá-lo. Ao criar Deus um ser livre, capaz de amar — seja homem ou anjo —, essa criatura corre o risco da egolatria, do solipsismo, de se perder, é evidente. É uma tautologia: como dizer que "um homem é um homem".

Tudo isto, ainda a propósito da pergunta: "Você, o que quer ser quando crescer?" Aos poucos, fomos vendo que a resposta perfeita se deve enquadrar na realidade da nossa existência; que a realidade fundamental é que fomos chamados por Deus à felicidade; que a nossa felicidade é o amor eterno; que esta vida só pode ser caminho; que o caminho é composto de sucessivas opções, sem dúvida, mas também de situações incontornáveis; ou seja, de sucessivos "chamamentos" à espera de resposta... A vida é uma vocação feita de muitas e sucessivas vocações. Cada momento (até em sonhos!) somos postos em situações que nos interpelam, nos desafiam.

Não nos faltam, porém, repita-se, sinais de orientação, externos — mandamentos, leis, mandatos, circunstâncias forçosas... — e um sinal interno: a consciência. A consciência é o GPS da vida: uma constante voz interior de aviso, juízo ou sugestão sobre as opções tomadas ou a tomar. É a voz de Deus, que nunca deixa de aprovar ou repreender as nossas decisões. E nunca se consegue apagar de todo. Se fosse a nossa própria voz interior, aplaudiria sempre o que fizéssemos. Mas não. Podemos tentar abafá-la, dar-lhe direções erradas, mas não se cala, nem se deixa comprar. É a voz do Pai, na surdina ou aos gritos, que nos acompanha desde a meninice. Ver Deus, não o vemos; mas ouvi-lo, ouvimos, quer queiramos quer não.

Se formos sensatos, procuraremos cuidar da consciência, apurando o ouvido interior e evitando interferências, tendo-a sempre diante dos olhos (da alma) e esforçando-nos por respeitá-la. O critério geral é o de aceitarmos com confiança o que se nos impõe necessariamente, porque, sem dúvida, essa é a vontade divina; e, quando há que escolher, optar pelo mais útil aos outros, segundo as nossas capacidades e gostos. Tais gostos e capacidades foram-nos concedidos pelo Criador, com efeito, para nos servirmos mutuamente e assim desenvolvermos a nossa personalidade, o "papel" que a cada um corresponde na riquíssima diversidade humana.

E se nos enganamos? Se fizemos o que naquela situação, em consciência, achamos melhor, foi essa a vontade de Deus. Na mesma situação, voltaríamos a resolver o mesmo, não é assim? Portanto, não ponha em dúvida que escolheu bem a sua profissão, a esposa ou o marido que tem, e, por enquanto, a casa que comprou, a terra onde mora... Foi por essa aventura que o Senhor te guiou, para o teu bem: *Todas as coisas concorrem para o bem dos que O amam* (Rm 8, 28).

Mas aqui se levanta uma pergunta mais angustiosa: e se enveredei culpavelmente por onde não convinha? Fica todo o êxito da minha vida comprometido?

Não; podes voltar atrás e retificar a caminhada. Talvez já não pelo trajeto anterior, mas Deus é Pai: e que faz um pai quando o filho se desorienta e a situação em que se encontra não permite retorno direto? Podendo fazê-lo — e Deus pode sempre —, indica-lhe novo trajeto que o leve a bom destino. Um bom pai não desiste.

Note-se, porém, que os novos trajetos costumam ser mais custosos. Por isso, não é indiferente desviar-nos do caminho que víamos traçado pela nossa consciência. Aliás, somos todos pecadores, exceto a Santa Mãe de Deus; e muitas vezes nos desviamos do bom caminho, ou caminhamos preguiçosamente, perdendo tempo e ocasião de servir. Nosso Senhor conhece-nos: *O justo cai sete vezes ao dia...e outras tantas se levanta* (Pr 24, 16). "A tua vida interior deve ser isso precisamente: começar... e recomeçar" (*Caminho*, n. 292). O mais importante no peregrino é não perder a orientação.

Talvez nos pareça que, perdoando-nos sempre, Deus é fraco; não, só quer dizer que Deus é implacável: nunca desiste da felicidade do filho, por mais que este persista em desviar-se. Erraste? Recomeça! Quantas vezes for preciso!

Como víamos atrás, cada instante da vida nos exige uma resposta. É um chamamento, uma "vocação". Mas é diferente optar por ser médico, e o médico optar por um remédio em vez de outro;

decidir ser montanhista, e escolher uma tenda de campanha maior ou menor. Há na vida chamamentos "decisivos", de longo alcance, de grande compromisso, e outros de curto prazo, secundários, pequenos. Não digo de pouca importância, porque um pequeno capricho pode fazer desabar um grande projeto: um copo a mais pode destruir uma carreira; um breve flerte pode arruinar uma família; um palavrão pode desfazer uma amizade...

As "pequenas" decisões devem estar ao serviço das "grandes". E a estas é que chamamos geralmente "vocações", embora se use o termo quase exclusivamente em relação à carreira profissional e à religiosa. E, no entanto, toda a gente reconhece que a decisão de se casar é das mais importantes da vida. Quanto a isso, São Josemaria foi dos primeiros a falar de vocação:

Estás rindo porque te digo que tens "vocação matrimonial"? — Pois é verdade: isso mesmo, vocação (*Caminho*, n. 27).

A VOCAÇÃO MATRIMONIAL

Já agora, falemos dela.

Dar-lhe o nome de "vocação", no sentido maior de compromisso perpétuo de criação de um lar, não é apenas um título honorífico em vista da sua importância social; é exprimir claramente o seu caráter de "missão", com o que esse termo implica de entrega e de responsabilidade, tanto na sociedade civil como na Igreja. O que, por sua vez, determina a disposição com que o homem e a mulher devem optar pelo casamento.

"Casaram, e foram muito felizes", é o *happy end* de muitas histórias populares, resumindo a expectativa geral dos enamorados. "Foram muito felizes... e comeram muitas perdizes", acrescentam os irônicos, pois toda a gente sabe que a festa de bodas não se "alonga e prolonga" ao longo de longa vida. Atravessa sempre momentos difíceis. Por isso é costume dizer-se que as histórias que terminam num feliz casamento acabam no começo. Mas depende. Depende do que se considere felicidade e depende da disposição com que ele e ela se casaram.

Se se casaram para serem felizes, estão muito enganados; se se casaram para tornar o outro (a outra) feliz, acertaram. Se casaram para terem um doce amparo na vida, enganaram-se; se o fizeram para amparar o outro o mais docemente possível, acertaram. Isto é: se casaram por egoísmo, enganaram-se; se foi por amor, por verdadeiro amor, acertaram. Se casaram para dar novos homens ao mundo e novos filhos a Deus, acertaram; se não, enganaram-se... Ou seja, se tomaram o casamento como uma grande missão a cumprir e se dispõem a dedicar toda a sua vida a isso, serão felizes (como se pode ser feliz na terra), pois nada se oporá ao seu objetivo, por mais problemas que venham. A sua vida valeu a pena!

Aliás, é curioso que as pessoas se queixem dos problemas de família; se não houvesse problemas, não seria preciso o casamento para nada; podíamos nascer das pedras! A família existe porque haverá sempre problemas. Como se um médico se queixasse de haver doentes; um engenheiro civil, de faltarem estradas e pontes; ou um filósofo, da necessidade de conceitos mais claros etc.

A Igreja nunca afirmou que o matrimônio tivesse por fim "a felicidade dos cônjuges", mas o seu "bem comum", o amparo mútuo para a missão que escolheram, que, em princípio, é cuidarem um do outro, trazerem filhos ao mundo e educá-los na fé.

Como afirmava São Josemaria, às vezes Deus abençoa a família com muitos filhos; outras vezes com poucos, e outras com nenhum: tudo são bênçãos divinas, ocasião de serviço ao próximo. O importante é que estejam dispostos a aceitar a vontade de Deus a respeito da missão que assumiram. Um missionário entrega-se a Deus para converter quem ainda não conhece a Cristo, mas a sua vida será sempre um êxito, ainda que ninguém se converta e ele acabe até no martírio.

Como saber que temos vocação matrimonial?

Sendo o estado mais comum da humanidade, o casamento é visto geralmente como a vocação "normal" de homens e mulheres. De certo modo, pode dizer-se que todos temos "vocação matrimonial", isto é, que todos sentem necessidade do aconchego de um lar, onde não faltem as sensibilidades masculina e feminina, e no qual se prolongue e amplie, por filhos e netos, o nosso amor e o nosso modo de encarar a vida. E, como toda a gente nasceu e foi criada num lar ou, pelo menos, conviveu com famílias, parte-se do princípio de que sabe do que se trata e não precisa de qualquer preparação especial. Espera-se simplesmente que a vida ofereça a oportunidade de uma paixão correspondida; e depois tudo são rosas...

A verdade é que, nos tempos que correm, a Igreja recomenda vivamente que os noivos recebam uma preparação cuidadosa para o casamento. São tantas as situações de ruptura e multiplicação de "experiências" infelizes; tantos os dramas de crianças divididas entre os "pais biológicos" (horrível expressão!) e os "outros pais"; tantos velhos em solidão; tantos meninos sem irmãos, sem primos, numa confusão de avós!... Mas "acabam por habituar-se", dizem-nos... E o pior é isso: habituam-se a não acreditar no amor. Para quê casar-se, afinal? Afinal, o que é o casamento? Para eles, será uma fugaz e triste aventura...

Ora, a primeira preparação para a vocação matrimonial consiste em reconhecer que se trata realmente de uma "vocação", ou seja, de um "chamamento" a cumprir uma "missão" em favor do mundo e da Igreja, e não uma escolha de estado para satisfação dos noivos. Não quer dizer que exclua tal satisfação; pelo contrário; mas o objetivo fundamental do casamento não é esse; é, como já vimos, a felicidade "do outro", a vinda ao mundo dos filhos e a sua educação. Graças a Deus, geralmente as pessoas casam-se *por amor*, mas isso é apenas o princípio; o importante é que se casem *para amar*, como respondia certo embaixador à esposa, que temia pela sua fidelidade nos ambientes elegantes que frequentava: "Lembra-te de que me casei contigo para te amar". Ou aquele jovem marido quando lhe nasceu a primeira filha: "Senti que deixei de existir!" A partir dali, ele já não contava: só contavam a mulher e a menina; ele, ao serviço delas.

Oxalá todos os noivos compreendessem que o casamento é uma entrega total, quer no sentido de "realização pessoal" — pois a pessoa se realiza no amor —, quer mesmo no que respeita ao dinheiro: ao casarem, todo ele passa a ser da família, ainda que marido e mulher mantenham contas separadas. Já não é *deles*, como eles próprios já não são *seus*.

Tem, portanto, vocação matrimonial quem não optou pelo celibato (que muitos preferem, para se dedicarem ao serviço de Deus e dos outros, de feição mais abrangente do que um lar), deseja entregar-se à constituição de uma família, e encontra, de fato, a mulher (ou o homem) empenhado no mesmo projeto familiar.

A Igreja diz-lhe mais: a tua vocação matrimonial é tão importante, que Nosso Senhor fez do Matrimônio um sacramento.

Em todas as culturas, o casamento é algo sagrado, porque é sagrada a vida humana. *Sagrado* quer dizer excelente, transcendente, elevadíssimo; neste caso, verdadeira participação no poder divino do Criador. *Sacramento* significa sinal e fonte de graças divinas, neste caso para o desempenho da missão matrimonial. Se a família é a célula viva da sociedade, é, além disso, célula viva da própria Igreja. O último Concílio chamou-lhe mesmo "igreja doméstica". Se, já por si mesmo, o matrimônio é uma entrega mútua, que conduz o homem a realizar o seu destino de amor, entre os batizados é caminho de santidade e de fecundidade apostólica.

O cristão prepara-se para o casamento na medida em que toma consciência da sua missão, das suas exigências e da garantia de que Deus o acompanhará com as especiais graças necessárias para a fidelidade conjugal e a educação dos filhos. Tomará como modelo a Sagrada Família de Nazaré, onde cada um se dedicava aos outros dois e os três a toda a gente. Não faltava a Maria e José um projeto de lar, possivelmente o de mudarem de Nazaré para Belém e aí exercerem a profissão de carpinteiros José e Jesus, e Maria a de dona de casa. Mas estavam prontos para qualquer mudança que Deus lhes pedisse. E assim fizeram imediatamente, sem a mínima hesitação.

O casamento é uma aventura, como fez notar alguma vez o Papa Francisco. Por isso, faz parte da preparação para o matrimônio o espírito aventureiro. Quem teime nos seus planos familiares quando a Vontade de Deus é diversa, e se considere fracassado por sair tudo ao contrário do que planejou, não estava realmente preparado para casar. Porque o "êxito" do matrimônio não está numa velhice tranquila rodeada de bisnetos encantadores, mas na fidelidade amorosa de amparo humano e sobrenatural a todos os parentes dele necessitados. O nosso autêntico lar é o Céu:

Quem são a minha mãe e os meus irmãos? [...] *Todo aquele que fizer a vontade do meu Pai que está nos Céus, esse é meu irmão, minha irmã e minha mãe* (Mt 12, 50).

A VOCAÇÃO SACERDOTAL

O que dizemos do matrimônio aplica-se com grande paralelismo ao sacerdócio. Repare-se que, tanto um sacramento como o outro, não são necessários para a santificação individual. Enquanto o Batismo é condição básica da vida sobrenatural para todos (pelo menos o "Batismo de desejo" e sem dúvida o de "sangue", isto é, morrer por Cristo, Caminho, Verdade e Vida); e a Confirmação é necessária para o crescimento e fortalecimento em graça de cada batizado; a Sagrada Eucaristia, para a imprescindível "alimentação" da alma; a Penitência, como indispensável remédio do pecado; e a Santa Unção, auxílio decisivo para a perseverança final; o matrimônio e o sacerdócio não são necessários para cada fiel, mas para a Igreja em conjunto, para o seu crescimento físico e espiritual no tempo e no mundo. Mais sucintamente: dos sete Sacramentos, cinco são "pessoais" e dois "sociais". Cinco para "nós", dois para os "outros". Cinco para a santificação pessoal; dois para o crescimento e a santificação coletivas.

É certo que todos são caminhos de entrega a Deus e de evangelização, mas os chamamentos ao matrimônio e ao sacerdócio implicam específicas e importantes missões de serviço à Igreja. Daí que as corretas disposições de quem os abraça exijam também específicas e importantes responsabilidades: no matrimônio, a abertura à procriação e à educação da prole; no sacerdócio, a abertura a todas a almas para lhes ministrar a doutrina e os sacramentos indispensáveis à salvação.

Quanto à vocação, mantém-se o paralelismo: assim como para a constituição de uma família não basta o desejo de um só, mas tem de haver correspondência da outra parte, para o sacerdócio não basta a boa vontade do candidato; é necessária também a sua aceitação da parte da Hierarquia da Igreja, isto é, de algum Bispo. E assim como o gosto pela vida de família da pessoa casada não deve obscurecer a sua principal missão, ainda que sobrevenham desgostos, também o candidato à Ordem não deve ser movido apenas pelo gosto da vida sacerdotal, mas pela disponibilidade total ao serviço das almas, em perfeita união com as orientações episcopais.

Tal como no casamento, quem abraça o sacerdócio "para se realizar", para se sentir feliz, engana-se; a sua felicidade só pode provir de uma generosidade cada vez maior, do esquecimento próprio para levar à felicidade sobrenatural os demais.

O sacerdote é um homem que entendeu de maneira muito pessoal aquela pergunta provocativa: "Não haverá por aí ninguém que queira servir a Deus de graça?"

A Família das famílias

A Igreja é uma Família universal, composta de incontáveis famílias espirituais e apostólicas. Tal como cada família tem o seu próprio ambiente, os seus usos e costumes, também o Espírito Santo foi suscitando ao longo dos séculos inúmeros caminhos de santificação e de evangelização com diversas espiritualidades. Em união com o Papa, a própria Diocese, presidida por um Bispo, "nosso Pai na fé", constitui uma unidade fraterna para os seus fiéis, distribuídos por paróquias, cada uma destas dirigida por um sacerdote seu "delegado", o que confere à "família alargada" — universal e diocesana — uma dimensão comunitária ainda mais estreita e sensível aos batizados; para não falarmos já das famílias propriamente ditas, as chamadas "igrejas domésticas".

Não há cristão, portanto, que não esteja inserido, pela própria natureza da Igreja, num quadro espiritual "familiar". Mas, assim como a sociedade universal, organizada em Estados e circunscrições territoriais menores, conta igualmente com organizações "transversais", "extraterritoriais", de carácter cultural ou econômico, também na Igreja existem milhares de associações, ordens, congregações, sociedades, prelazias, caminhos, com as mais diversas "espiritualidades" e os mais diversos objetivos apostólicos, todas elas e todos eles em perfeita sintonia com o espírito evangélico. Como um diamante de muitas facetas se pode apoiar em qualquer delas, mantendo integralmente a sua riqueza, mas revelando os mais diversos e belíssimos cambiantes de luz, assim o Espírito Santo promove na Igreja, ao longo dos séculos, sempre novos caminhos no seguimento de Cristo.

E não só caminhos institucionais, mas também pessoais, únicos, irrepetíveis. Aliás, mesmo dentro de cada família eclesial, cada um dos membros vive o espírito da instituição "à sua maneira". Carmelitas foram Santa Teresa e Santa Teresinha: e quem não vê nelas o mesmo espírito, mas diferente personalidade? E porventura São Tomás de Aquino foi uma cópia exata de São Domingos? E os videntes Francisco e Jacinta: pertenciam a alguma família religiosa ou associação pia? A Beata Jacinta pertenceu sempre, sequer, à mesma diocese e paróquia?

Cada família espiritual que nasce abre aos fiéis novo caminho de santificação e novo horizonte de evangelização. Muitos fiéis aderem a algum deles; outros — e por vezes muitos mais — partilham com gosto o seu espírito e participam nos seus apostolados.

Ora, assim como o casamento depende de uma paixão — ou, pelo menos, de um atrativo "satisfatório" —, também a vocação para aderir a uma família espiritual na Igreja depende da atração que exerça sobre nós determinado caminho (e da capacidade de segui-lo, evidentemente). Tudo depende da "sorte" ou da "seta de Cupido", em linguagem pagã; isto é, de uma moção do Espírito Santo, na realidade.

Trata-se de uma grande graça. Compare-se uma viagem por autoestrada com a mesma por um labirinto de estradas secundárias não sinalizadas. A diferença é evidente: em vez de serpentearmos, aflitos, para a frente e para trás, procurando quem nos oriente e reoriente, vamos depressa e tranquilos em direção ao nosso objetivo. Saber exatamente o que Deus quer de nós em muitos aspectos da vida desprende-nos de inúmeras preocupações pessoais e permite-nos dedicar muito mais atenção aos outros.

São Josemaria comparava também a vocação espiritual e apostólica à luz de um candeeiro. Se, estando apagado, o candeeiro pudesse pensar, nem saberia o que era: um tronco seco? um poste? uma coluna?... Aceso, descobre que é mesmo um candeeiro: estava mesmo feito para ter luz e dar luz! E pode avisar os outros candeeiros: "Acende-te e verás quem és! Acende-te, que é a tua missão! Acende-te, e ilumina o mundo!"

Não que seja necessário pertencer a alguma instituição da Igreja para isso; bastar-nos-ia a luz do Batismo; mas a entrega a Deus e às almas em algum caminho garantido pela Igreja como caminho de santidade fortalece de tal maneira a fé e o ânimo apostólico no cristão, como uma das maiores graças que se recebem depois do Batismo. Só é comparável à que o Espírito Santo, por especial desígnio, queira conceder a uma alma em particular. Lembremo-nos novamente, por exemplo, dos videntes de Fátima.

O CELIBATO

E como surge a vocação ao celibato? Não nos esqueçamos de que desde crianças nos sentimos atraídos por ideais de heroísmo e sonhamos com frequência em grandes aventuras. Basta lembrar-nos do nosso gosto pelos "filmes de ação" em que nos identificamos com o intrépido protagonista que acaba por vencer as maiores dificuldades, ameaças, perseguições e torturas incríveis. De lá saímos com uma extraordinária valentia e uma admirável nobreza de sentimentos... só inferiores ao alívio de voltar à rotina diária, sem pancadaria nem armas de mira telescópica apontadas sobre nós dos terraços fronteiros... Mas o sonho de heroicidade mantém-se.

Nesses filmes, por sinal, o herói costuma ser solteiro, embora já apaixonado por uma discreta e bela heroína, com quem se casa no fim. Quando é casado e com filhos, a história torna-se tão dramática que chega a incomodar, apesar de sabermos que conseguirá salvá-los...

Ora, assim como a vocação matrimonial só se concretiza quando sobrevém a paixão e esta é correspondida, também a vocação ao celibato só aparece quando nos entusiasma um caminho de serviço "direto" a Deus e às almas. Há inúmeros caminhos, e todos são respeitáveis, mas nem todos nos atraem ao ponto de enveredarmos por qualquer deles a vida inteira. E quando um desses caminhos espirituais e apostólicos nos encanta, ainda é preciso que haja "correspondência" da outra parte, isto é, que os seus dirigentes reconheçam em nós as condições necessárias para o abraçar.

Até Deus suscitar o Opus Dei, todos os chamados "caminhos de perfeição" (termo imperfeito...) aprovados pela Igreja requeriam dos candidatos a vocação celibatária; as pessoas casadas poderiam apoiar-se espiritualmente neles, mas não pertencer-lhes. O Opus Dei foi o primeiro caminho de santidade e apostolado dirigido aos fiéis comuns, casados ou celibatários. O celibato, portanto, não é condição necessária para seguir integralmente o seu espírito, nem para lhe pertencer plenamente. De qualquer forma, desde os começos da Igreja, mesmo entre os fiéis comuns, houve e há quem abrace o celibato por amor de Deus, o que sempre a Igreja reconheceu como um dom precioso para esses e para a Igreja toda. E assim acontece no Opus Dei, em várias outras instituições eclesiais, e no Povo de Deus em geral.

Não será necessário lembrar que todos os fiéis sempre foram chamados à santidade: além do próprio Evangelho, a Igreja sempre o fez. Basta ler o ritual do Batismo e dos Sacramentos em geral. Mas não existia um "caminho", uma "família espiritual", reconhecida e aprovada pela Igreja (como esta o fizera para milhares de instituições religiosas) que os levasse a ver em todas as ocupações e preocupações comuns, não um obstáculo, mas justamente o seu próprio meio e a ocasião de se santificarem e de evangelizarem. Graças a Deus, esses "caminhos" foram-se multiplicando, como era de esperar, entre a imensa maioria de cristãos que permanecem "no mundo", ou seja, no meio das mais comuns condições de vida.

Quando e como nos apercebemos que Deus nos chama a "deixar tudo" pelo Reino de Deus"?

A expressão "deixar tudo" é tradução de *relictis omnibus*, como traduziu por sua vez do grego — do Evangelho de São Lucas — a versão "Vulgata" da Bíblia: *Trazendo as barcas para a terra, deixando tudo, seguiram-no* (5, 11). Refere-se a Pedro, João e Tiago, que eram pescadores.

Deixaram tudo? Mas nós os vemos depois várias vezes dedicados a remar e a pescar, inclusive após a Ressurreição!... E vemos São Pedro cuidando da sogra... E São Paulo fabricando tendas!... Deixaram tudo, sim, porque, embora mantivessem a sua profissão, se dispuseram a deixar tudo — pai e mãe, esposa e filhos, terras e parentes, redes e barcas — sempre que o Senhor quisesse. É a disponibilidade total para a evangelização e, ao mesmo tempo, um ato de amor a Deus grandioso, uma entrega total a Deus.

Então, se todos fossem igualmente generosos, todos optariam pelo celibato? Não! O melhor não é o celibato, nem o sacerdócio, nem ser missionário... O melhor para cada um é o que Deus dele quer. O que importa é cumprir a vontade de Deus a nosso respeito. A uns chama à vida consagrada, a outros ao celibato laical, a outros ao sacerdócio, a outros ao matrimônio, a outros a uma vida inteira de sofrimentos... à satisfação do sofrimento...

Porque, se fôssemos medir grandezas vocacionais, embora reconhecendo a sublimidade do sacerdócio, talvez a do sofrimento seja a maior de todas. Quantas almas que Nosso Senhor escolheu para "pregá-las" à sua Cruz desde a infância, num crescendo de dores e humilhações sem pausa, apoiando-se nelas para nos salvar! Que justa e grande glória receberão no Céu!

Repitamos: — o melhor para cada pessoa é o que o Senhor deseja dela; e a maior sabedoria é a de descobrir a sua vontade a nosso respeito. Como também acima víamos, não nos faltam sinais: as circunstâncias irrecusáveis da nossa vida; os Mandamentos de Deus; o exemplo de Cristo, ilustrado pelo Magistério da Igreja e pela vida dos santos, e até as lições que extraímos das más condutas, próprias e alheias; a nossa consciência, pela qual o Senhor nos faz distinguir o bem do mal, o pior do melhor, e nos sugere constantemente bons desejos; os nossos próprios (bons) gostos; os conselhos criteriosos dos amigos; as correções, mesmo injustas, que nos fazem, mas que são sempre aproveitáveis; e — ponto importante — as necessidades espirituais e materiais do próximo. Por sinal, estas carências costumam ser o primeiro motor de uma decisão de entrega a Deus.

Nem todos os comerciantes e industriais serão sempre motivados pelo espírito de serviço nos seus negócios, mas servem-nos agora de exemplo. O bom empresário não produz só por gostar do que produz; está atento às necessidades do mercado; sonda a "procura"; e, dentro das suas capacidades, produz o que pode satisfazê-la. Por vezes, ele próprio cria a necessidade do seu produto, é certo, mas é até muito razoável, se isso for útil para o progresso social. Pois muitos bons cristãos, sentindo a fome e sede de Deus por parte de milhões de almas que ainda não conhecem Cristo, apercebem-se de que não serão felizes enquanto não derem tudo o que podem para satisfazer essa "procura" das almas, ainda que elas não a manifestem. Sabem que quando conhecerem bem Nosso Senhor, já não poderão passar sem Ele.

Houve certo explorador, que ficou entusiasmado com a vida simples de uma tribo de aborígenes africanos, completamente isolados da nossa civilização. Bosquímanos, se não erro. Convencido de que provocaria o mesmo entusiasmo nos nossos meios desenvolvidos, convidou uns tantos deles a acompanhá-lo à cidade. Mas não foi preciso chegarem lá: os indígenas gostaram tanto do que viram e provaram logo nas primeiras aldeias dos tais civilizados, que já nem queriam pensar no regresso à selva...

Costuma ser esse o motivo das grandes decisões de entrega a Deus no sacerdócio ou em algum dos caminhos de santidade e apostolado que a Igreja nos oferece. São Paulo chegou mesmo a dizer um "magnífico disparate": dedicava tal amor aos judeus, seus compatriotas, que preferia ser condenado ao inferno, se isso os levasse todos a Cristo! Àquele sacerdote, referido acima, que sentiu a sua vocação aos quatro anos, sucedeu algo semelhante: ao ver a grande pena da gente da sua cidadezinha pela saída do Seminário de um rapaz da terra, disse para consigo: "Vou eu!" E nunca mais hesitou. E, ao chegar à idade de entrar no Seminário Menor, vendo que os seus pais recusavam matriculá-lo, por serem muito pobres e precisarem dele, exclamou: "Então, me matem!" A sua vida perdia sentido.

EPÍLOGO

Vamos chegando ao fim.

Ora, a propósito do fim: numa das suas encíclicas, perguntava Bento XVI se queremos morrer. Não! Então, queremos ficar na terra eternamente? Ah, isso também não!... Queremos viver para sempre, mas aqui, assim, não! Esta vida não nos satisfaz. Não somos feitos para isto. Gostamos do mundo, gostamos de muitas pessoas, gostamos de conhecer e fazer muitas coisas... Mas isto só tem graça... se acabar. Se não acabasse, nada teria interesse. A vida seria um tédio sem fim. Gostamos da vida porque o tempo é escasso. Porque cada dia e cada minuto são contados e queremos aproveitá-los.

Na realidade, estamos continuamente pensando no fim, na morte. Trazemo-la no relógio: não contamos horas; vamos descontando o tempo que nos resta. Queremos outra coisa, bela, justa, eterna, feliz, luminosa. Queremos o Céu desesperadamente! Em todas as coisas e pessoas que amamos vamos buscando o que nada e ninguém são capazes de nos dar. Projetamos nelas os nossos profundos anseios, e vamos de decepção em decepção — exceto se este mundo e este tempo forem caminho para a eterna felicidade. Nessa altura, que belo é o mundo, que encantadoras as pessoas, que boa será até a despedida, se nos vamos encontrar em Deus!

Para que havemos de fingir que somos plenamente felizes agora? Se a felicidade terrena não é mais do que a do caminhante certo de seguir pelo bom caminho da felicidade eterna! Ou porque fingir que, na peça de teatro que representamos, somos realmente aquilo que aqui nos foi atribuído: rei coroado de papelão amarelo, ou mendigo, coberto de farrapos? O que vale não é o nosso desempenho nesta tragicomédia?

Por sinal, foi sepultado há tempos num cemitério vaticano de nobres um velho "sem-abrigo" que deixou amizades sem conta pela sua caridade, a sua piedade e o seu apostolado com as mais diversas pessoas. Quando morreu, tantos amigos perguntaram por ele, que só então se descobriu o seu grande amor a Deus e o imenso bem que fizera ao longo da vida! Já São Josemaria, a propósito da vida espiritual, nos dava um conselho prático para aquelas horas em que nos parece que só louvamos a Deus de boca, como que fazendo uma comédia: "Faz a comédia, meu filho!" Porque a ela assiste a Santíssima Trindade e todos os Anjos e Santos do Céu! Que maravilhosa assistência a aplaudir-nos! Foi essa convicção que levou São Thomas More a subir ao cadafalso sem perder o bom-humor: ao pensar na chusma de curiosos boçais que o insultariam então, lembrava-se da imensa multidão de santos e heróis celestiais que o aplaudiriam calorosamente. Que comparação havia?

Todas aquelas intuições de infância, adolescência e juventude, portanto, são verdadeiras, garante-nos a Igreja. Tu vieste ao mundo porque "Deus te amou primeiro", como diz São João (cf. 1 Jo 4, 18), e não cessa de amar-te, pois não há outra razão para continuares a viver. Se Ele deixasse de amar-te, não terias razão de ser. Se Ele deixasse de dizer "Eu te amo!", deixarias de existir. Assim como nada nem ninguém se poderia criar a si mesmo, nada nem ninguém poderia manter-se por si na existência. A tua simples existência é uma contínua declaração de amor divino: "É bom que tu existas! É bom que tu existas! É bom que tu existas!..." Não é este o mais profundo galanteio dos enamorados?

Como São Josemaria gostava de "ouvir" aquelas palavras da Sagrada Escritura, vindas da boca de Deus: *Eu redimi-te e chamei-te pelo teu nome! Tu és meu!* (Is 43, 1) Por isso diz o *Catecismo da Igreja* que o nome de cada pessoa é sagrado, e mais: é um nome de eternidade (n. 2158-2159). O nome identifica a nossa individualidade, e, como afirmava São Josemaria, "aquele que não se sabe filho de Deus desconhece a sua verdade mais íntima" (*Amigos de Deus*, n. 26).

Tudo isto, para que fique bem gravado que cada um de nós foi "sonhado" por Deus como filho seu, e cada filho é, para Ele, "filho único", o filho "mais importante". Cada um diferente, mas sem comparação. Cada um, destinado a uma missão pessoal e insubstituível, para honra do Pai e bem dos irmãos. Cada um, o motivo da Criação e da Redenção.

Tem razão a criança quando compreende que lhe toca um papel a desempenhar no teatro da vida. Acerta a criança quando sente que é um dever de justiça escolher algo que seja útil aos outros. Tem razão quando procura o que mais lhe agrada, isto é, o que lhe é mais adequado. Tem razão quando deseja que agrade também aos outros, e sobretudo, aos pais, por um dever de amor.

Tem razão o adolescente quando reivindica o direito de ser ele próprio a escolher o seu caminho; tem razão em criticar o mundo em que vai entrar; tem razão em desejar modificá-lo radicalmente; e tem razão em descobrir que o amor supera todas as deficiências desse mundo. E tem razão quando se sente atraído pela aventura e pela heroicidade — por ser mais do que ele mesmo, que isso é que é ser homem.

Tem razão o jovem que se sente conduzido a escolhas cada vez mais concretas, como que arrastado pela vida e condicionado pelas suas anteriores opções. Tem razão quando tenta adivinhar por onde é conduzido e o que dele se espera... E mais razão ainda, quando pergunta a Deus: "Que queres de mim?"

O que Deus quer de ti és tu mesmo. Estar contigo eternamente. Unir-te a Ele e gozares da sua felicidade infinita. Para isso te criou, diferente de quaisquer outros, fazendo-te nascer de certas pessoas, em certo lugar, em certo ambiente, com certas capacidades, gostos e oportunidades. E o que de ti mais quer é o teu amor: *Dá-me o teu coração, meu filho!*, diz expressamente na Sagrada Escritura (Pr 23, 26).

Para o amares te fez livre. A liberdade, como já vimos, é causa e condição indispensável do amor, da relação de entrega interpessoal. Amor forçado seria uma contradição. Por natureza, estás forçado a amar, mas escolhendo tu próprio o objeto do teu amor. E, para respeitar a tua liberdade, Ele oculta-se "atrás" das suas criaturas, que te oferece como prova do seu amor por ti; faz-te, digamos assim, uma "ronda de amor". Imagina que alguém desconhecido te oferece de vez em quando um presente... Seja quem for, gosta de ti! Não és "livremente forçado" a tentar conhecer pessoa tão amiga?

Mas por que se oculta? Para que conheças o seu amor antes de o conheceres a Ele; para que o vás conhecendo pelo que recebes e compreendas que é tão superior a ti, que não lhe podes retribuir senão com o que te oferece. Para que demonstres a tua gratidão e procures conhecê-lo. Para que o ames "por ser Ele quem é" e não pelo presente que te dá. As histórias do príncipe que aparenta ser pobre e necessitado para conquistar a donzela, que só depois saberá quem a cortejou, são as melhores parábolas da nossa vida. E, por sinal, as mais belas histórias.

No fundo, é um mistério, que só podemos "compreender" com o que o próprio mistério nos revela.

Quando se fala de mistérios sobrenaturais, convém sempre notar que nós só conhecemos mistérios. Mistérios são as pedras da rua e as imensas galáxias, as coisas e as pessoas. Inesgotáveis para o nosso entendimento. Podemos conhecê-las cada vez mais profundamente e com certezas absolutas, mas não "compreendê-las" totalmente. Só Deus se compreende e as compreende em toda a sua plenitude. Nem no Céu esgotaremos os nossos conhecimentos; tudo será uma novidade sem fim.

Dizia alguém que não se devia perguntar às crianças: "O que você quer ser quando crescer?", mas: "O que Deus vai querer de você quando crescer?", para habituá-las a pensar em Deus desde a infância. A ideia é bonita, mas as pobres crianças ficariam perplexas e, na sua grande sabedoria, só saberiam responder: "Sei lá!" Sabemos lá o que Deus quer de nós! Só no fim e sob a sua luz, no Céu. Agora e aqui, só o vamos sabendo em grandes traços; e tentando adivinhar o que desejará a seguir...

Talvez a nossa vida nos pareça pouco importante, em comparação com pessoas que desempenharam grandes cargos ou fizeram grandes obras, como, em comparação com o sol, um humilde fósforo que brilhou um minuto; mas talvez nesse minuto tenhamos ateado em alguém um incêndio de amor a Deus que, sem o pobre fósforo, nunca deflagraria... De todas as palavras e obras que fizemos, talvez fosse alguma que nos passou despercebida a mais importante da nossa existência. Só Deus sabe.

Insistamos: o que importa é procurar e seguir a vontade de Deus a nosso respeito.

Para o que é decisivo "ouvir" o Espírito Santo. Quer dizer: estar atentos a todas as boas inspirações que sintamos. *Ninguém pode dizer "Jesus é o Senhor", senão pelo Espírito Santo*, afirma São Paulo (1 Cor 12, 3). Qualquer boa disposição de serviço a Deus e ao próximo, vem dEle, do Amor divino. Incluindo o desejo de verdade filosófica ou científica, de invenção técnica, de retidão e eficácia política, de justa superação atlética (de nós próprios, entenda-se), de arte etc.

Tudo o que é verdadeiro, tudo o que é honesto, tudo o que é justo, tudo o que é puro, tudo o que é amável, tudo o que é de boa fama; qualquer virtude, qualquer coisa digna de louvor; seja isto objeto dos vossos pensamentos (Fl 4, 8).

E "tudo o que fizerdes, fazei-o de boa vontade, como quem faz pelo Senhor e não pelos homens" (Cl 3, 23).

Com efeito, o Espírito Santo é a Pessoa divina com quem mais lidamos. O nosso "coração", a nossa vida interior, é uma conversa contínua com Ele: uma conversa constante sobre o mal e o bem; conversa que, ora se torna amável, ora, da nossa parte, grosseira, de discussão, contradição, rejeição, e até revolta. Mas, ouvi-lo, ouvimos, como antes dizíamos. Ninguém o cala!

Pois, então, segue-o. Se o seguires, serás santo, serás feliz, e estarás acompanhado por todos os santos; se o contrarias, ficarás só, distanciado de todo o mundo, desgraçado. Porque, se te procuras a ti mesmo, só a ti te encontrarás; se o segues a Ele, encontrarás todos os teus irmãos.

Que pena ainda nos dá aquele jovem rico que se recusou a seguir Jesus! De repente, sentiu-se só, com uma bolsa de moedas em vez de um coração... Pobre rapaz rico! Nosso Senhor não pede a todos a mesma coisa. Precisamente um aspecto da sua personalidade que entusiasmou Oscar Wilde, na prisão, e o levou mais tarde a converter-se, foi que Jesus tratava cada pessoa de maneira diferente. E àquele rapaz insatisfeito, pediu-lhe a bolsa: "A bolsa ou a Vida!" E ele agarrou-se à bolsa! A outro, que pediu a Nosso Senhor para o acompanhar, disse-lhe que não: que voltasse a casa e anunciasse o Evangelho à sua família.

Belo, o desabafo de um moribundo, que durante anos se afastara da Igreja, e, vendo a morte próxima, a aceitou com muita paz:

— Sabe? Há orações que não me diziam nada e agora dizem tanto!

— Sim? Por exemplo...

— "Sou vosso. / Para Vós nasci. / Que quereis, Jesus, / de mim?"

Mas temos de acabar. Em resumo: qual é a minha vocação? São muitas, já vimos, e contínuas. Umas, de longo alcance; outras, de menos. São João Paulo II deu-nos o lema geral: "Não tenhais medo!" Só faltava que temêssemos quem nos criou e morreu por nós! *Quem teme não é perfeito no amor*, diz São João (1 Jo 4, 18). Afinal:

Quando éramos ainda pecadores, Cristo morreu por nós. Portanto, muito mais agora, que estamos justificados pelo seu sangue, seremos por ele salvos (Rm 5, 8-9).

E, se posso dar mais, por que vou dar menos? Se o próprio Deus se dá inteiramente a cada um de nós! Temos tantos caminhos, tantas famílias espirituais à escolha! Se alguma delas te atrai, por que não te unes a ela, se por ela podes servir mais ao Senhor? Mas também por que teimas em entrar nalguma delas, se quem lhe pertence te repete que não é esse o teu caminho? Não te ofendas com isso; só quero que sejas feliz, e sabes que não o serias ali; o Senhor tem reservado para ti outro caminho, talvez noutra família, ou talvez um caminho só teu.

Mas é próprio do homem — ser social, ser familiar — unir-se de algum modo àquela família em que se sente mais perto de Deus, nosso Pai. Assim muitos fiéis escolhem — pelo menos em algum período da sua vida — a espiritualidade beneditina, franciscana, jesuítica, ou qualquer outra espiritualidade religiosa; outros, os meios de formação e apostolado do Opus Dei, do Caminho Neocatecumenal, dos movimentos carismáticos etc., pela mesma razão por que se devotam mais a um santo do que a outros, mais a uma invocação da Virgem do que a outras, mais a uma passagem do Evangelho do que a outras: porque "lhes dá na gana", que, como afirmava São Josemaria com o seu bom-humor, é "a razão mais sobrenatural"; isto é, não por razões "pensadas", mas "sentidas"; não por raciocínios teológicos, mas por gosto pessoal; não por elaborados motivos de conveniência, mas, afinal, por impulso do Espírito Santo.

Aliás, por que razão um homem se apaixona por aquela mulher, ou uma mulher por aquele homem? Por raciocínios filosóficos, ou matemáticos, ou biológicos? Podem invocar todos os predicados possíveis da outra parte, mas, na verdade, não conseguem explicar-se. A única resposta possível é "porque sim!" Porque preferem uns o surfe e outros o tênis? Porque aderem uns a um clube e outros a outro? Também na vida espiritual há atrações que não obedecem a nenhuma razão em particular, mas à diferente sensibilidade de cada um. Não significa menos respeito pelas outras espiritualidades e devoções, como o casamento não significa menos consideração pelas demais mulheres ou homens, o surfe pelos demais esportes, o meu clube pelos demais clubes; é o direito humano à diferença, à individualidade, ao pluralismo.

"Cada caminhante siga o seu caminho!" Este *slogan* político encontrado por São Josemaria, após a Guerra Civil Espanhola, num cartaz deixado por marxistas na parede de um colégio, agradou-lhe. Aplicava-se à vida inteira. Seguir o nosso caminho não é só um direito; de certo modo, é uma obrigação humana e sobrenatural.

O que importa é que todos os cristãos tomem consciência de que Deus chama cada um à santidade e ao apostolado e que lhes preparou um caminho pessoal, para uma missão particular na missão geral da Igreja, missão que só no Céu verá claramente, mas que resultará da correspondência aos contínuos chamamentos que lhe vai fazendo nesta vida.

E, ao dizermos "todos os cristãos", convirá acrescentar: "de todas as idades". Porque Nosso Senhor permite que muitas almas só o venham a conhecer (ou re-conhecer) e amar (ou voltar a amar) quando sentem aproximar-se a hora da despedida. Bendita hora, seja ela termo de uma doença, seja remate de uma longa vida! É o tempo mais importante e decisivo da nossa existência terrena!

Mas de que valem grandes decisões quando já se enfraquecem as faculdades humanas? Valem tanto como as da mocidade: a juventude e a velhice — de modo geral — são os períodos mais lúcidos da vida. Porque, tanto num caso como noutro, nada interfere nos ditames da consciência: o jovem, porque ainda não tem compromissos; o idoso, porque já os vai perdendo. O jovem ainda não desenvolveu o orgulho nem a ambição; o velho já pouco se importa com o que pensam dele, exceto os mais queridos. Estão livres para enfrentarem a verdade "sem compromissos".

E, ainda que só tarde o homem descubra o sentido vocacional da sua vida, essa descoberta ilumina e assume todo o seu passado, presente e futuro.

A surpresa imensa do amor de Deus por cada um de nós, da contínua providência com que nos acompanhou sempre, e da alegria com que Ele nos recebe por mais mesquinhos que tenhamos sido — "finalmente em casa!" —, dá razão àquele poema de Rabindranath Tagore, em que um mendigo julga chegado o seu dia de sorte quando vê aproximar-se uma carruagem principesca. Mas, antes de estender a mão ao misterioso príncipe, sai lá de dentro outra mão a pedir-lhe esmola a ele! Perplexo, rebusca na sacola qualquer coisa, e oferece àquela estranha mão... um grão de milho! À noite, cansado e desiludido, despeja na pobre mesa o que conseguiu juntar durante o dia... e descobre, brilhando, no meio da miséria espalhada, um grão de ouro!

Ai, que pena não ter dado tudo!

Direção geral
Renata Ferlin Sugai

Direção de aquisição
Hugo Langone

Direção editorial
Felipe Denardi

Produção editorial
Juliana Amato
Gabriela Haeitmann
Karine Santos
Ronaldo Vasconcelos

Capa
Karine Santos

Diagramação
Sérgio Ramalho

ESTE LIVRO ACABOU DE SE IMPRIMIR
A 08 DE DEZEMBRO DE 2024,
EM PAPEL OFFSET 75 g/m².